HOMMAGE A LA MÉMOIRE

DE MONSIEUR

DELACOUR

PROVISEUR HONORAIRE

ANCIEN MAIRE DU Vᵉ ARRONDISSEMENT

ANCIEN MEMBRE

DU CONSEIL DE SURVEILLANCE DE L'ASSISTANCE PUBLIQUE

PARIS

TYPOGRAPHIE LAHURE

9, RUE DE FLEURUS, 9

1877

HOMMAGE

A LA MÉMOIRE

DE M. DELACOUR.

I

L'ami que nous venons de perdre fut un de ces hommes
de bien auxquels jamais une bonne action, une résolution
généreuse n'a coûté un effort, tant la nature se prêtait chez
lui à l'attrait du beau et à la pratique du devoir. Doué des
plus rares qualités de l'esprit et du cœur, il ne lui a man-
qué que deux choses : l'ambition et la vanité pour les
produire sur un théâtre plus élevé que la modeste chaire
d'un lycée de province et le cercle restreint d'amis dévoués.
M. Delacour n'aimait rien de ce qui ressemble à un rôle ;
il lui répugnait d'enfler la voix et de forcer le geste pour
obtenir un effet calculé. Nous n'avons pas connu d'homme
plus naturel, plus simple, plus sincère, plus sérieux dans
sa manière d'être et de dire. Causeur spirituel et distingué,
il ne pouvait sacrifier la scrupuleuse exactitude à l'intérêt
d'un récit, aux grâces d'un portrait. Avec une sensibilité

vive, un goût exquis, une parole facile, correcte et brillante, avec une plume riche d'esprit et d'érudition, taillée pour la critique littéraire ou la narration historique, M. Delacour eût réussi dans l'enseignement public et dans la presse; mais il fallait entrer en scène, et il ne se sentait pas certaines facultés d'apparat nécessaires peut-être pour donner à la parole et au style ce genre de succès qu'il goûtait médiocrement chez certains maîtres de l'art de parler et d'écrire. Cela nous semble expliquer, avec sa grande modestie, sa répugnance invincible pour ces exercices oratoires ou littéraires qui attirent la foule et le public, et où le besoin de l'effet fait trop souvent oublier la vérité, la nuance et la mesure. Et ce goût qu'il montrait dans les œuvres de l'esprit, il le portait dans toutes les œuvres de la vie. Il pratiquait le bien sans faste et sans éclat, d'autant plus simple dans sa manière d'obliger qu'il se sentait plus heureux de le faire. C'est que, nous aimons à le redire, il faisait cela par instinct encore plus que par devoir.

M. Delacour était né sous l'Empire, le 7 avril 1805, d'une famille bourgeoise, de cette bourgeoisie parisienne, chrétienne et libérale, qui savait allier l'amour des lettres et des arts aux habitudes de sa classe et de sa profession. Son père avait fait d'excellentes études et relisait ses auteurs classiques, latins et français, dans les loisirs de sa vie de négociant. C'est ce goût de tradition bien plutôt qu'une direction quelconque qui permit à son fils d'user au profit de son éducation classique de l'absolue liberté qui lui fut laissée, pendant tout le temps qu'il passa au collége. De très-bonne heure il dévorait les livres; il lui arriva souvent de délaisser ses exercices scolaires pour les lectures qui excitaient sa curiosité et charmaient son imagination. Parfois il oubliait l'heure de la classe dans les bibliothèques publiques ou privées où il courait s'enfermer. Ses études faites, le premier souci de cet écolier si libre dans ses goûts ne fut pas la préoccupation d'une carrière ou d'une profession. Avec la passion des lettres, il eut bien vite, à l'exemple de son père, royaliste et libéral ardent, la passion de la politique, et se jeta dans la mêlée des partis, fidèle au gouvernement de la Restauration jusqu'au jour où le coup d'État de 1830 vint enlever à cette malheureuse dynastie ses meilleurs défenseurs.

L'Université, où il entra comme professeur d'histoire, ne fut point pour lui une carrière. Il y entra comme il en sortit plus tard, par une inspiration toute spontanée de sa nature prime-sautière. Il avait été au collége l'écolier libre que nous savons; il fut dans l'Université un fonctionnaire libre, s'il en fut. C'est qu'il prenait l'enseignement non comme une profession, mais comme une mission qu'il remplit par amour de la jeunesse, et par prédilection pour toutes les œuvres de l'école, préférant les plus utiles aux plus éclatantes. Ce brillant professeur d'histoire que toutes les qualités de sa parole, de son esprit et de sa personne désignaient pour l'enseignement des facultés, ne trouva jamais au-dessous de lui cette modeste classe d'écoliers qu'il instruisait, qu'il formait par ses conseils et ses soins, et qui lui était plus chère que ces auditoires publics, aussi faciles à charmer un moment que difficiles à retenir et à instruire sérieusement. Il aurait certainement appliqué à l'école ce mot qu'un sage de l'antiquité a dit du monde entier : « *Il n'y a rien de vil dans la maison de Jupiter.* » Professeur, proviseur, chef d'institution, il croyait rester dans sa mission de pédagogue en remplaçant au besoin un maître surveillant absent, malade, ou découragé par les misères du métier.

C'est là ce qui lui fit accepter la direction d'un lycée, alors que la carrière de l'enseignement supérieur s'ouvrait devant lui par la vacance continuelle de chaires dont les titulaires aspiraient à l'enseignement des lycées ou des facultés de Paris. « *J'étais né*, nous disait-il quelquefois, *pour faire un bon régent de collége du temps de Rollin.* » Et ce régent de collége n'en était pas moins un homme du monde accompli. Il lui suffisait pour cela de quitter l'habit qui lui donnait dans sa classe l'air d'un oratorien des anciens jours. Lorsqu'il sortit de l'Université, il resta fidèle à sa vocation en reprenant dans une institution importante de Paris la mission d'enseigner la jeunesse. Ce ne fut point un chef d'institution ordinaire, l'homme qui sollicitait pour sa maison le concours des maîtres distingués que la politique avait bannis de l'Université, qui donnait lui-même à ses professeurs et à ses maîtres d'étude l'exemple du devoir, ne quittant pas un instant ses élèves, et ne négligeant aucune occasion, en conférence, en étude, en récréation, à sa table, de leur donner ces leçons de dignité, de goût, de courtoisie, que savaient apprécier les familles.

Et quand enfin il se laissa imposer, sur le déclin de ses forces, le fardeau d'une administration municipale, c'est encore pour ses chères écoles, dont les enfants partageaient avec les indigents l'active sollicitude de ce maire dévoué jusqu'à l'épuisement. Hélas ! quel est celui de ses amis, et je m'en accuse, qui ne regrette devant une tombe prématurément ouverte de n'avoir pas mieux connu les limites

de ses forces, en le pressant de se charger d'une pareille
tâche? Pauvre ami, on peut bien le dire, il est mort de ce
qui le faisait si noblement vivre, le cœur. Trop de causes
généreuses ou douloureuses en provoquaient, en redou-
blaient sans cesse les battements. Une longue vie était im-
possible avec une telle sensibilité.

La passion de l'enseignement n'était pas la seule de cette
noble nature. Il en est une autre qui le faisait palpiter
dans les cruelles et terribles crises qu'a traversées notre
chère et malheureuse France : c'est l'amour de la patrie.
M. Delacour était, en politique, de ce parti qui a pour drapeau la liberté, drapeau trop facilement abandonné dans
les mauvais jours, en ce pays plus épris d'égalité que sou-
cieux de sa dignité. Ce double sentiment dominant de la
patrie et de la liberté étouffait en lui les petites passions
de parti. Ce qui le frappait, ce qui l'attirait ou le repoussait dans la politique, c'était bien plus les hommes que les
idées. Il respectait et admirait la sincérité, la dignité, le
talent chez ses adversaires, comme il blâmait ou mépri-
sait l'intrigue, la mauvaise foi, la sottise chez ses alliés. Et
quand le cœur avait parlé devant les malheurs et les misères des vaincus, quels qu'ils fussent, il n'avait de repos
qu'après avoir consolé, secouru, honoré ces victimes de
nos discordes civiles, selon les mérites des partis et des
individus. Le coup d'État du 2 Décembre l'avait laissé pendant tout l'Empire frémissant d'indignation et de colère.
Ici son cœur était d'accord avec sa raison, pour venir en
aide aux nobles vaincus de cette triste journée. Sa maison
était devenue l'asile inviolable des professeurs de l'Université que l'Empire avait proscrits. On y retrouvait, avec
celui qui écrit ces lignes, Despois, Barni, Ribert, Challe-

mel-Lacour, Frédéric Morin et tant d'autres qui ont fait le personnel de son professorat. Là nous parlions librement de l'Empire à la table du chef de l'institution, et, sans abaisser notre enseignement à une polémique de parti, nous rappelions aux jeunes gens les mâles leçons de la philosophie et les stoïques exemples de l'histoire.

Après l'abominable insurrection du 18 mars qui mit notre pauvre France dans le plus grand péril qu'elle ait jamais couru, qui, dans ce Vᵉ arrondissement dont il était maire, fit plus de démarches que notre ami pour l'adoucissement de peine ou la libération des coupables repentants ? Qui fit plus de propagande d'humanité pour les familles des criminels et des insensés ? Et cependant, qui avait plus souffert, dans son cœur de citoyen et de patriote, de cette guerre civile donnée en spectacle à notre ennemi triomphant ?

M. Delacour avait une dernière passion, celle-ci douce et calme, qui fut, dans les loisirs de sa vie laborieuse, sa distraction pour bien des ennuis, sa récréation pour bien des fatigues, enfin une véritable consolation, avec d'autres sans doute d'un ordre encore plus élevé, pour les profonds et amers chagrins de son existence. Il aimait la lecture au point que nous n'avons pas connu de lecteur plus infatigable. Ce n'était pas seulement le goût d'un lettré qui savoure les délices d'un livre bien écrit, c'était l'ardeur d'une curiosité qui s'intéressait à toutes les œuvres vraies, belles, grandes, saintes de l'esprit humain. Cette satisfaction était la seule qu'il cherchât dans les incessantes lectures auxquelles le jour ne suffisait pas. Jamais il n'eut la pensée, bien naturelle pourtant à un esprit aussi heureusement doué, de profiter de cette merveilleuse mémoire, si prompte et si sûre, de cette variété de connaissances puisées aux meilleures sources pour écrire des livres d'histoire ou tout au moins des études de critique dont il savait si bien nous montrer le canevas dans ses causeries.

Avec ce goût de l'histoire, vient le respect de la tradition, la sympathie pour le passé, en ce qu'il a de grand, de noble, de poétique. M. Delacour a toujours éprouvé ces sentiments, et on peut dire qu'il en vivait dans les dernières années de sa vie où sa vieillesse gardait plus de souvenirs que d'espérances. S'il était trop de son temps pour en méconnaître les belles œuvres, les fortes études, les magnifiques découvertes, les heureuses réformes, il aimait à reporter ses regards en arrière, à revivre en imagination dans cette vieille et charmante société d'hommes et de femmes qui mêlaient tant d'esprit, de grâce, de cœur à leurs vices et à leurs faiblesses.

Depuis surtout que le patriotisme alarmé et parfois désespéré de notre ami voyait descendre notre France du haut rang où l'avaient élevée la politique de ses rois et les œuvres de nos pères, il se laissait aller à une sévérité pour les institutions de notre temps qui le rendait parfois indulgent pour les abus des institutions anciennes. Nous l'avons vu s'affaisser sous le poids de nos désastres ; et s'il n'a pas salué avec enthousiasme, comme tant d'autres vieux amis de la monarchie, les institutions nouvelles qui nous promettent d'autres jours de paix, de grandeur et de gloire, qui pourrait assurer, en voyant ce qui se passe, que le vieux professeur d'histoire a mal auguré de l'avenir ? En tout cas, quelque foi que l'on puisse conserver dans les futures destinées de notre pays, quel est le patriote qui ne saurait gré à notre ami de n'avoir pas renié

ce passé qui a fait la France, et de n'avoir point daté l'ère
de sa grandeur de notre révolution de 89, quand nous
voyons mettre tant de passion à défaire, dans un aveugle
engouement pour les institutions démocratiques, cettĕ glo-
rieuse légende nationale que tous les peuples conservent
chez eux avec un si religieux respect? Ainsi pensaient
deux de ses plus vieux et de ses meilleurs amis, Dubois,
du *Globe*, et Saint-Marc-Girardin, qui aimaient à retrouver
avec M. Delacour les souvenirs littéraires et politiques de
leur jeunesse.

Voilà quelques traits de la noble figure dont il ne nous
reste plus que l'image ici-bas ; esprit charmant, caractère
loyal, cœur excellent, et par-dessus tout nature d'une rare
distinction. Et quand on a dit tout cela, on ne l'a pas fait
connaître encore tout entière dans ce qu'elle a de plus es-
sentiel. Un dernier mot est nécessaire pour exprimer le
trait vraiment distinctif de cette sympathique personna-
lité : c'est un sentiment de l'honneur qui se mêlait par-
tout, dans ses actes, au sentiment du devoir. Si c'est là
ce qui fait ce que, dans notre bonne vieille langue, on ap-
pelait un gentilhomme, M. Delacour l'était, comme on
peut l'être de notre temps, sans préjugés du passé. Il l'était
de nature et d'instinct, sans le savoir ni le vouloir; il l'é-
tait parce qu'aucune qualité chevaleresque ne lui manquait,
et que le fond de cette nature d'élite était la délicatesse,
la noblesse et la générosité. Nous n'avons jamais rencon-
tré un homme qui eût plus que lui le dédain de la vulga-
rité, le dégoût de la grossièreté, l'horreur de la bassesse.
Sa répugnance était telle pour toutes ces choses, qu'il ne
rencontrait jamais deux fois l'homme qu'il avait ainsi
jugé au premier abord. S'il s'est montré froid et hautain

pour certaines gens, c'est qu'il avait lu au fond de leur âme et de leur pensée. Quant à ceux qui recherchent les satisfactions de la vanité, notre ami n'avait qu'un sourire pour leurs prétentions inoffensives. Il pouvait solliciter ce genre de distinction pour ses amis ; mais il n'y a jamais songé pour lui-même. Il a refusé la croix d'honneur sous le gouvernement de Juillet et sous l'Empire, et il n'aurait pas souffert sous la République que l'influence de ses amis lui valût cette distinction. Il était d'ailleurs si étranger à tout sentiment d'ambition personnelle que nommé après l'Empire, par un ministre de ses amis, M. Jules Simon, à une fonction d'un ordre supérieur, l'inspection de l'Académie de Paris en résidence à Orléans, il refusa cette place offerte en récompense de ses longs services universitaires.

M. Delacour n'acceptait volontiers que les fonctions où il y avait plus de bien à faire que d'honneur à recueillir. C'est ainsi qu'il entra au conseil de surveillance de l'Assistance publique pour y trouver l'occasion d'appeler l'attention de ses collègues sur les misères individuelles à soulager, et sur certaines mesures générales à prendre pour rendre les secours plus sûrs et plus efficaces.

A ce maire, aimé et honoré, du Ve arrondissement, une candidature aux élections du 20 février 1876 fut offerte par un grand nombre d'électeurs conservateurs, de toutes les opinions contre la candidature de M. Louis Blanc. La politique, nous l'avons dit, avait toujours fortement occupé M. Delacour, au point de l'agiter, de le troubler parfois et même de le rendre malheureux quand il voyait son pays sortir des voies de la sagesse et de la modération ; mais il n'y porta jamais la pensée d'une ambi tion personnelle. Toujours conservateur et libéral sous tous les régimes qui se sont succédé depuis la Restauration jusqu'à la troisième République, il pouvait être candidat dans les meilleures conditions à plusieurs époques du gouvernement parlementaire. Il n'y songea point; et il fallut l'insistance des conservateurs désireux de protester contre une candidature radicale pour vaincre sa résistance. Partisan de la monarchie traditionnelle avec toutes ses garanties constitutionnelles et parlementaires, M. Delacour a regretté amèrement que d'invincibles préjugés ne permissent point la restauration de cette monarchie; mais comme il était encore plus fidèle à la France qu'à la maison de Bourbon, il accepta la lutte sur le terrain de la Constitution. Il eût pu rallier une minorité considérable, s'il n'eût pas déclaré qu'il repoussait toute alliance avec les partisans de ce gouvernement qui avait commencé par le crime du 2 Décembre et fini par le désastre de Sedan. Dans les derniers jours de sa vie, la situation politique faisait battre plus fortement son cœur à mesure qu'elle devenait plus critique; plus il approchait de sa fin, plus ses pressentiments devenaient sombres sur les destinées futures de notre pays. Il en était presque venu à désespérer de la sagesse et du patriotisme des partis se disputant le pouvoir sur le corps du malade non encore guéri de ses profondes blessures. Lui, dont les regards étaient sans cesse fixés sur l'ennemi, c'est-à-dire sur l'étranger, il ne pouvait comprendre comment tous ces partis semblaient l'oublier, pour ne voir l'ennemi que dans les rangs de leurs adversaires.

Nous n'aurions pas voulu laisser se refermer sa tombe sans lui adresser quelques unes des paroles que nous venons d'écrire ; mais la douleur de cette mort si imprévue et si subite nous a rendu muet en face d'une famille frappée d'un tel coup. Il n'y a guère plus d'un mois, il nous semble que c'est hier, dans une visite, hélas ! la dernière, à la maison de La Vallée, nous le voyions toujours bon, affectueux, souriant, et cette fois plus confiant dans ses forces. Amère ironie de la destinée ! Nous le félicitions de la salutaire influence de la vie de campagne sur sa chère santé. Il était là avec une femme et une fille dont la tendresse l'entourait des soins les plus touchants, avec un vieil ami tout heureux de reprendre ces longues et douces causeries, où nous nous entendions si bien sur toutes.les choses qui méritent d'occuper des esprits comme le sien. Et peu après nous l'avons vu coucher dans ce cercueil qui attendait les bénédictions suprêmes de l'Église ! Devant ce spectacle, était-il possible de trouver autre chose que des larmes et un silence entrecoupé de sanglots ?

Après avoir parlé de l'homme, nous n'avons pas le courage de parler de l'époux et du père. Comment rappeler devant cette compagne si dévouée, devant cette fille si aimante, devant ces deux femmes anéanties dans le même malheur, la bonté, la douceur, la tendresse de cet époux, de ce père, sans irriter une plaie saignante que le temps lui-même ne pourra jamais fermer ? « *Vous ne le reverrez plus, vous ne le reverrez plus !* » m'écrivait sa fille au désespoir en m'annonçant l'affreuse nouvelle. Hélas ! non, nous ne reverrons plus cette aimable et loyale figure où il se laissait voir tout entier. Nous n'entendrons plus cette voix douce et vibrante où résonnait un accent de sincérité émue. Mais nous en garderons l'image et le souvenir au fond de nos cœurs, tandis que la vraie réalité, l'âme est déjà bien haut, dans ce monde meilleur qu'attend tout homme de bien. C'était sa pensée, comme celle de ses pères ; car il n'avait jamais perdu sa foi de spiritualiste et de chrétien dans le tourbillon des idées nouvelles. Il n'avait accepté de la philosophie du dernier siècle et de la Révolution que ce qui ne pouvait blesser ses croyances religieuses.

E. VACHEROT,

De l'Institut.

II

Le 12 septembre dernier mourait à Orléans M. Delacour, ancien maire du Ve arrondissement de Paris, ancien professeur et chef d'institution. D'autres, nos maîtres et ses contemporains, parleront du début de cette carrière si bien remplie. Pour moi, qui ai été son élève, qui du plus loin qu'il me souvienne l'ai toujours vu l'ami, le fidèle ami de mon père, je voudrais en quelques mots exprimer les sentiments que je lui avais voués.

Je sais bien pourquoi j'étais si attaché à M. Delacour : comme mon père, il appartenait à cette génération de 1830, dont l'indépendance d'esprit, le dédain de tout ce qui est bas et vulgaire, choses ou hommes, l'allure de franche et bonne bourgeoisie, étaient le caractère et la marque distinctive. Oui, M. Delacour et mon père, j'aime à réunir leurs noms, parce que je réponds à l'amitié qui les unissait, M. Delacour et mon père avaient ce trait commun du bourgeois d'autrefois : d'être soi.

> Chacun pris en son air est agréable en soi.
> Il n'est que l'air d'autrui qui peut déplaire en moi.

Ils traversaient ce siècle de banalité sans mauvaise humeur; ils étaient gais envers leur temps; mais sans lui sacrifier en quoi que ce fût ni leur originalité, ni leurs sentiments. En histoire, en politique, en littérature, professeurs ou journalistes, ils ne cédaient en rien à la mode du jour. Ils étaient dans toute la force du terme des esprits libres, parce qu'ils étaient essentiellement des hommes de devoir. L'indépendance du caractère vient de la soumission du cœur aux lois de Dieu.

J'étais encore bien jeune, mais je ne puis me reporter sans émotion et sans un sentiment de regret mêlé aujourd'hui d'envie à ces conversations vives, ardentes, passionnées, qui se tenaient dans le grand salon de l'institution de la rue des Fossés-Saint-Victor. Les universitaires qui n'avaient pas voulu prêter serment à l'Empire se réunissaient là. Hélas! tout cela est bien loin. Le lieu est aujourd'hui désert; et les survivants de ces réunions sont dispersés aux quatre coins du monde politique. Au milieu de tant d'opinions diverses, M. Delacour demeurait ce que son expérience et ses convictions l'avaient fait, l'homme de bon sens, fidèle à cette politique de juste milieu, dont on peut se moquer, mais à laquelle on reviendra toujours, pour fonder n'importe quel gouvernement, république ou monarchie. C'est là l'unité de la vie de M. Delacour. Soit comme chef d'institution, groupant autour de lui toutes les âmes fières qui avaient brisé leurs carrières universitaires en 1852, soit comme maire du Ve arrondissement acceptant, en 1876, par dévouement, la candidature conservatrice et libérale contre M. Louis Blanc, M. Delacour protesta toute sa vie contre tous les despotismes, ceux d'en haut aussi bien que ceux d'en bas.

La démocratie césarienne sans Parlement, et la démocratie radicale avec une Chambre unique, souveraine et omnipotente, lui paraissaient deux conceptions également fausses, également outrées. La politique à outrance, qu'elle vînt de droite ou de gauche, révoltait son patriotisme. Son âme toute française s'indignait à cette politique de joueur. Il appartenait, en effet, à une génération qui respectait le pays et se respectait elle-même.

Le respect du pays! le respect de soi même! Ces sentiments si simples, si primitifs en quelque sorte, faut-il croire que nos pères les aient emportés avec eux dans la tombe?

En présence des temps stériles et agités où nous vivons, faut-il dire adieu à tout ce qui fait l'honneur et la dignité de la vie publique? Faut-il dire adieu pour toujours à ce que nous avons appris à l'école d'esprits sages et élevés, tel que M. Delacour? Pour mon compte, il est des adieux que je ne dirai jamais. Non, je ne dirai jamais adieu aux croyances de nos pères, à leur foi dans l'avenir du pays. Ce qui a été le but de leur vie doit être le but de la nôtre; ce qui a fait leur honneur fera le nôtre, si nous savons nous inspirer de leur mémoire et suivre leurs exemples, sans défaillances.

> Si vous voulez dans votre cœur,
> Quand mes os seront sous la terre,
> Sauver ce que j'eus de meilleur,
> Gardez mon âme tout entière....
> Aimez, sans vous lasser jamais,
> Sans perdre un seul jour l'espérance,
> Aimez-la comme je l'aimais,
> Aimez la France!

Voilà bien le dernier vœu de M. Delacour, auquel M. de Laprade a prêté ses vers. Voilà comment il nous a dit et nous lui disons : au revoir.

B. Saint-Marc-Girardin.

III

Un homme de bien, dont la vie fut consacrée à l'instruc-
tion de la jeunesse et plus tard aux soins de l'administration municipale, M. Delacour, vient de s'éteindre sans
bruit, dans son paisible ermitage de La Vallée, près d'Orléans, où il s'était retiré depuis quelque temps, partagé
entre ses fleurs, ses livres et ses affections de famille, avec
la quiétude d'un sage et d'un chrétien. Tour à tour professeur d'histoire, proviseur du lycée de Moulins, chef
d'institution à Paris, maire du Ve arrondissement, il
avait su dans ses diverses fonctions s'acquérir l'estime,
l'affection et la reconnaissance de tous ceux qui l'entou-
raient. Sa maison hospitalière, l'ancienne demeure du
peintre Lebrun, rue des Fossés-Saint-Victor, s'était ouverte, comme son cœur, à bien des infortunes. Plus d'un
jeune homme arrêté par la gêne ou par des revers de famille avait pu y terminer ses études; plus d'un proscrit à
certains jours y avait trouvé un abri contre la misère et
la persécution. Quelques-uns l'ont oublié peut-être; d'autres s'en souviennent sans doute, nous l'espérons du moins

pour eux plus encore que pour le bienfaiteur, dont le désintéressement n'a jamais songé à réclamer même le souvenir d'un service rendu. La bienfaisance et l'amitié remplirent sa vie ; il leur dut ses plus douces jouissances. Pour ne rappeler que les morts, il entretint jusqu'au dernier jour des rapports intimes et constants avec M. Dubois, l'un des fondateurs du *Globe*, l'ancien député et directeur de l'École normale supérieure ; avec M. Saint-Marc-Girardin, notre maître et l'une des gloires de la Sorbonne. Enfant de Paris comme ce dernier, M. Delacour appartenait comme lui à cette bourgeoisie libérale que le second Empire n'avait pu rallier ni ployer au joug, mais que les horreurs de la Commune vinrent plus tard effrayer et décourager, quand il s'agissait de fonder la République. Il avait été un des premiers à protester virilement contre ce qu'il a toujours appelé l'attentat du Deux-Décembre. Malgré ses convictions et ses traditions monarchiques, qui étaient pour lui un héritage de famille, il s'était uni de sympathie et d'opposition aux chefs les plus estimés du parti républicain. Il s'honorait de recevoir à sa table les Garnier-Pagès, les Barthélemy Saint-Hilaire, les Jules Simon, les Vacherot, les Challemel-Lacour et bien d'autres. Esprit large et conciliant, il aimait à se rapprocher plutôt qu'à diviser les hommes des partis opposés. En recevant des mains de son ami M. Vacherot la mairie du Ve arrondissement, il trouvait l'occasion de revenir à la première et à la dernière passion de sa vie : l'enseignement de la jeunesse. L'organisation des écoles populaires devint son œuvre capitale ; il y consacra ses dernières forces déjà bien épuisées. A cette tâche charitable et patriotique, il convia tout ce qu'il put rencontrer de femmes au cœur généreux, d'hommes de bonne volonté, sans acception de parti ni de drapeau, tous unis par la pensée commune du bien public. Là, dans ces réunions de délégués à la mairie, toutes les nuances, toutes les opinions se trouvaient représentées ; l'austère démocrate et stoïcien Eugène Despois y prenait place à côté du vénérable curé de Saint-Étienne-du-Mont. On y parlait des écoles laïques et congréganistes avec toute la franchise, l'indépendance et l'équité dont le maire-président donnait l'exemple. Nul homme, en effet, ne fut jamais plus propre à faire triompher ces idées de tolérance mutuelle, de concorde, de paix, d'union dans l'accomplissement du bien, que rêvent aujourd'hui tous les bons citoyens. Quelles que fussent ses opinions et ses préférences personnelles, M. Delacour était du nombre de ces consciences droites et loyales qui s'inclinent devant la loi et la volonté du pays librement exprimée.

Nous avons parlé surtout de l'homme public dans sa modeste et honorable carrière. Quant à l'homme privé, ceux qui ont pu comme nous, même un peu tard, jouir de cette douce et charmante intimité savent tout ce qu'il y avait en lui de noblesse d'âme, d'élévation d'esprit, de tendresse affectueuse et indulgente pour ses amis, et même pour ses ennemis, s'il en eut jamais. Il portait dans son cœur comme sur son visage cette empreinte éminente et distinctive de la main divine chez l'homme : *la bonté.*

C, LÉMENT,
Professeur à la Faculté des lettres.

20298. — PARIS. — TYPOGRAPHIE LAHURE
Rue de Fleurus, 9.